COMO CRIAR CÍRCULOS DE LEITURA NA SALA DE AULA

Conselho Acadêmico
Ataliba Teixeira de Castilho
Carlos Eduardo Lins da Silva
Carlos Fico
Jaime Cordeiro
José Luiz Fiorin
Tania Regina de Luca

Proibida a reprodução total ou parcial em qualquer mídia
sem a autorização escrita da editora.
Os infratores estão sujeitos às penas da lei.

A Editora não é responsável pelo conteúdo deste livro.
O Autor conhece os fatos narrados, pelos quais é responsável,
assim como se responsabiliza pelos juízos emitidos.

Consulte nosso catálogo completo e últimos lançamentos em **www.editoracontexto.com.br**.

COMO CRIAR CÍRCULOS DE LEITURA NA SALA DE AULA

Rildo Cosson

Copyright © 2021 do Autor

Todos os direitos desta edição reservados à
Editora Contexto (Editora Pinsky Ltda.)

Montagem de capa e diagramação
Gustavo S. Vilas Boas

Preparação de textos
Lilian Aquino

Revisão
Daniela Marini Iwamoto

Dados Internacionais de Catalogação na Publicação (CIP)

Cosson, Rildo
Como criar círculos de leitura na sala de aula /
Rildo Cosson. – 1. ed., 2ª reimpressão. –
São Paulo : Contexto, 2024.
128 p.

Bibliografia
ISBN 978-65-5541-134-8

1. Leitura – Estudo e ensino
2. Atividades criativas na sala de aula I. Título

21-3675 CDD 372.4

Angélica Ilacqua CRB-8/7057

Índice para catálogo sistemático:
1. Leitura – Estudo e ensino

2024

Editora Contexto
Diretor editorial: *Jaime Pinsky*

Rua Dr. José Elias, 520 – Alto da Lapa
05083-030 – São Paulo – SP
PABX: (11) 3832 5838
contato@editoracontexto.com.br
www.editoracontexto.com.br

Sumário

Revisitando os círculos de leitura 7

O diálogo da leitura e a leitura como diálogo 11

Ler na escola 17

Um modo privilegiado de compartilhar textos:
   o círculo de leitura 21

O que é um círculo de leitura 27

As etapas 33

A prática 39

A modelagem 63

A avaliação 73

Os cartões de função 81

As questões 103

Fora da sala de aula:
   os círculos de leitura na escola 113

Bibliografia 119

O autor 123

Anexo 1 – Avaliação do momento inicial 125

Anexo 2 – Questionário de autoavaliação 126

Revisitando os círculos de leitura

Desde que foi publicado, em 2014, o livro *Círculos de leitura e letramento literário*, tenho acompanhado em artigos, dissertações e teses relatos das mais diversas experiências de implantação de círculos de leitura em cursos de licenciaturas, escolas técnicas, bibliotecas comunitárias, casas de repouso e penitenciárias. Também tenho compartilhado em cursos e oficinas minhas próprias experiências de círculos de leitura com professores do ensino fundamental e médio, alunos de graduação e pós-graduação. Parte dessas oficinas e cursos foram especialmente dedicadas a professores que ensinam a crianças porque acreditamos que a formação do leitor literário deve ser mais bem introduzida e sistematizada desde o início do processo de escolarização.

Foi assim que chegamos a este caderno docente com sugestões para a inclusão dos círculos de leitura em práticas escolares de ensino de literatura, no ensino fundamental. Ele é resultado direto desses cursos, oficinas e relatos que desenvolveram e fortaleceram a proposta que apresentamos inicialmente no livro de 2014 também como uma síntese de outras tantas experiências. Nesse sentido, o leitor-professor vai encontrar aqui um detalhamento didático do círculo de leitura como uma prática de letramento literário na escola, um material didático de apoio à prática docente. Daí também as repetições dos argumentos e a ênfase nos procedimentos que podem ser adotados para a concretização da estratégia em uma sala de aula, compreendendo, obviamente, que devem ser adaptados ao contexto específico de cada escola e às características de cada turma de alunos.

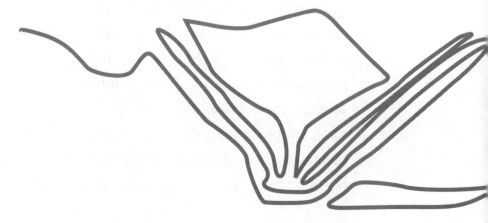

Lembramos que um círculo de leitura, como já explicitado em *Círculos de leitura e letramento literário*, é uma prática de leitura compartilhada na qual os leitores discutem e constroem conjuntamente uma interpretação do texto lido anteriormente. Essa discussão pode assumir uma forma mais estruturada, em que cada leitor tem uma função predefinida; semiestruturada, quando há orientações a serem seguidas pelos leitores; ou simplesmente livre, com os leitores participando conforme suas disposições e necessidades. Na escola, um círculo de leitura é uma estratégia didática privilegiada de letramento literário porque, além de estreitar laços sociais, reforçar identidades e solidariedade entre os participantes, possui um caráter formativo essencial ao desenvolvimento da competência literária, possibilitando, no compartilhamento da obra lida por um grupo de alunos, a ampliação das interpretações individuais.

A demanda de transpor as aulas de planejamento e prática de um círculo de leitura para o formato de livro veio de nossos próprios alunos-professores. Menos que um modelo pronto, ter um passo a passo em mãos ajudaria a superar dificuldades e resistências diversas quanto a essa forma diferenciada de trabalhar com o texto literário. Aceitei o desafio porque acredito, como eles, que um número maior de colegas pode se beneficiar com a explicitação mais detalhada dessa estratégia pedagógica que julgamos fundamental para desenvolver o letramento literário na escola.

Um livro, não importa sua dimensão, nunca se faz sozinho. Além dos meus alunos e dos professores que compartilharam comigo as muitas experiências de ensinar literatura com círculos de leitura, quero agradecer especialmente aos amigos Ester Calland de Sousa Rosa, professora da Universidade Federal de Pernambuco (UFPE), e João Luís Ceccantini, professor da Universidade Estadual Paulista (Unesp), de cujos conhecimentos abalizados me vali para uma leitura crítica dos originais. A maioria de suas sugestões foram incorporadas ao texto, de algumas até mesmo roubei as palavras porque não conseguiria elaborar de outra maneira.

Que tenhamos em todos os anos do ensino fundamental círculos de leitura em pleno funcionamento e nossas escolas possam cumprir também por meio deles a missão de formar o leitor literário.

O diálogo da leitura e a leitura como diálogo

Nos últimos anos, o campo dos estudos sobre a leitura se expandiu quase que exponencialmente. O resultado é uma multiplicidade de visões:

1. a leitura pode ser analisada como uma operação física, envolvendo conexões e impulsos elétricos entre o movimento dos olhos e o cérebro;
2. como produto de atividades culturais, econômicas e políticas em um espaço e tempo determinados, conforme nos mostram os historiadores da leitura;
3. pode ser vista como resultante de um processo cognitivo, ou seja, algo que se passa no interior do leitor, ao lado de uma prática socialmente determinada, conforme indicam os estudos sobre letramento;
4. a leitura pode ser, ainda, vista como uma competência essencial em uma sociedade perpassada pela escrita como a que vivemos.

Logo, matéria primeira das escolas e ao mesmo tempo uma experiência estética de compartilhamento de um mundo construído por meio de palavras e imagens.

Para nós, professores, talvez uma forma mais interessante de abordar a leitura seja reconhecer, como já descrevi no livro *Círculos de leitura e letramento literário* e agora retomo aqui:

---
o seu caráter de diálogo.

Em primeiro lugar, porque ler é entrar em uma conversa que envolve pelo menos quatro elementos:

---
o leitor,
o texto,
o autor
e o contexto.

Compreendemos que essa conversa se dá entre um leitor e um autor mediado pelo texto em um tempo e espaço específico. Esses quatro elementos básicos recebem diferentes ênfases segundo os interesses de quem trata da leitura e podem ser desdobrados em outros tantos elementos, mas não podem ser ignorados em qualquer definição da leitura.

Depois, porque toda leitura é uma conversa com o passado, tanto no sentido de o texto preexistir materialmente ao leitor, quanto no sentido de que leio a experiência e o conhecimento produzidos antes do ato de ler. Essa conversa é, essencialmente, uma presentificação do passado, pois ao ler trago para o presente ou torno presente o passado que está no texto. A leitura é, portanto, uma espécie de atualização em que o texto do passado passa a ser do presente, mantendo paradoxalmente ambas as posições, ou seja, o texto é do passado, mas, porque o li, ele também passa a ser do meu presente.

Por fim, porque ao ler tomamos consciência do outro, da existência do outro que produziu o texto, ao mesmo tempo que confirmamos a nossa presença na conversa mantida com o texto pela maneira que aprendemos a ler e pelo reconhecimento do texto como texto.

Dessa forma, **a leitura é um diálogo que se faz com o passado, representado pelos textos, em um contexto socialmente determinado, que é a nossa comunidade de leitores que nos diz o que ler, como ler e por que ler.**

Embora saibamos que o letramento é um processo que antecede a ida da criança à escola e prossegue pela nossa vida de adulto após concluirmos nosso ciclo de formação acadêmica – como tão bem explicou Magda Soares (2003) em uma desambiguação entre letramento e alfabetização –, é a escola e não outra instituição a responsável pela leitura da escrita em nossa sociedade. Essa responsabilidade não apenas implica assumir materiais e métodos adequados e específicos para a aprendizagem da leitura, mas também confere ao ato de ler características que até podem ser encontradas em outros espaços, mas que não podem faltar na escola.

Uma dessas características – talvez a principal delas –

é que ler na escola é exercitar publicamente o diálogo da leitura.

Esse diálogo público está tanto nas leituras do professor quanto nas leituras dos alunos. No caso do professor, suas leituras são transformadas em matéria das aulas das diversas disciplinas, ou seja, o que ele ensina são conteúdos e modos de ler de sua área de conhecimento. No caso dos alunos, eles leem e debatem os mesmos textos e escrevem respostas a eles como formas de aprendizagem, ou seja, exercício, demonstração e avaliação do que foi aprendido. Em outras palavras, ler na escola é

> compartilhar o texto e a leitura dele, seja o professor com os alunos, seja os alunos com o professor, seja os alunos com os colegas, seja o professor e os alunos com outros leitores externos à turma.

Os modos como essa leitura pública ou esse compartilhamento de textos acontece na escola são variados e começam já na educação infantil, como bem indicam Ana Carolina Perrusi Brandão e Ester Calland de Souza Rosa (2010). É o que acontece nas rodas de leitura, na leitura em voz alta e na contação de história mais elaborada da Hora do Conto, quando o professor usa diferentes modulações de voz e, em alguns casos, faz essa leitura ser acompanhada por um instrumento musical, emulando a prática da narrativa oral que vem de antes da escrita. Também ocorre nos comentários que se desdobram em discussões e debates em torno da temática de um texto e de suas relações com outros textos. E continua, ainda, nas respostas a um questionário, na resenha de uma obra lida em casa, na reescritura de um trecho ou novo final para a narrativa e assim por diante nas mais diversas formas de produzir textos em resposta a outros textos e, dessa maneira, exercitar o diálogo da leitura.

Dentre os muitos modos de ler na escola,

---

o círculo de leitura ocupa uma posição privilegiada pelos benefícios que oferece tanto ao aprendizado da leitura quanto ao desenvolvimento integral do aluno como cidadão.

Isso porque o funcionamento de um círculo de leitura demanda um intenso envolvimento do leitor com o texto, o que leva a uma aprendizagem ativa dos mecanismos e convenções da escrita e a uma maior consciência de ser leitor.

Como a maioria das atividades são desenvolvidas em grupos e os grupos se renovam periodicamente, os alunos estreitam os laços de solidariedade com todos os colegas da turma, que passa a atuar como uma verdadeira comunidade de leitores, em um movimento de aprendizagem colaborativa. Nesses grupos, os alunos precisam se organizar para efetuarem as discussões sobre o texto lido. Com isso, tornam-se protagonistas de sua própria aprendizagem e desenvolvem habilidades de tomada de decisões e resolução de problemas, que são fundamentais em todo o percurso escolar e também fora da escola.

Também como resultado da atuação nos grupos, os alunos aprendem a ouvir e respeitar a posição do colega, a buscar o consenso quando possível e a aceitar e defender as regras da discussão para que todos participem livremente e de modo igualitário, em um processo verdadeiramente democrático. Como não há hierarquia entre os alunos, suas leituras são mais abertas e a interpretação dos textos traz uma maior diversidade de pontos de vista, pois incorporam no grupo as diferenças culturais e contextuais da formação de cada um.

Além disso, por meio de um círculo de leitura, os alunos aprendem coletivamente a manipular os textos e adotar diversas estratégias de leitura para explorá-los, analisando criticamente os seus elementos. Nas discussões em que compartilham suas dúvidas e certezas, ler passa a ser uma atividade colaborativa e solidária, sem um sentido certo ou errado ou a ser alcançado no futuro, mas, sim, uma forma de dar sentido ao texto a partir de sua experiência com ele.

Em suma, como leitura compartilhada, um círculo de leitura é uma atividade pedagógica privilegiada para incentivar, desenvolver e consolidar diversas práticas de leitura e de socialização que são fundamentais tanto na formação do leitor quanto na educação integral do aluno, cumprindo, assim, a necessidade de ensino sistemático e sistematizado da leitura reclamada por João Luis Ceccantini (2009), quando chama a atenção para o compromisso da escola com a formação não só dos leitores iniciantes, mas também para práticas que garantam a leitura como um comportamento perene.

> Um círculo de leitura é a reunião de um grupo de pessoas para discutir um texto, para compartilhar a leitura de forma mais ou menos sistemática.

A partir dessa definição mínima, um círculo de leitura pode assumir diversas configurações, considerando os locais, os públicos, os interesses, os textos e outras características de seu funcionamento. Dessa forma, pode ser implementado dentro e fora da escola e envolver desde crianças da educação infantil até adultos de um curso de pós-graduação ou determinado campo profissional. Pode também ter um objetivo muito específico, como ler as obras de um determinado escritor, de um gênero, ou ser aberto a textos muito diferentes, como livros, filmes, quadros, depoimentos pessoais e até paisagens naturais.

Neste livro, vou tratar de círculos de leitura que se desenvolvem no ambiente escolar. Nesse caso, um círculo de leitura assume as características de uma atividade de leitura autônoma, com os alunos reunidos em grupos pequenos e temporários, fazendo discussões a partir de anotações, com registro do que foi discutido, e mediados pelo professor que modela e orienta as diversas fases da atividade.

Mais especificamente, vou focar os **círculos de leitura no ensino fundamental**, com uma atenção preferencial para os terceiro, quarto, quinto e sexto anos. Escolhi esse período porque penso que neles não apenas se consolida a aprendizagem do código escrito, como também se desenvolvem práticas de leitura e comportamentais que serão decisivas na formação de leitores literários e cidadãos. Não obstante, nada impede que esses passos sejam seguidos para outros anos, tanto abaixo como acima desses no ensino fundamental e nos três anos do ensino médio, na formação de professores e para leitores de outros ambientes que não apenas a sala de aula e até mesmo a escola.

A ideia é apresentar uma proposta detalhada, o mais concreta possível para que um professor possa se apropriar e fazer do círculo de leitura uma estratégia usual de ensino da leitura literária. Dessa forma, nos próximos itens vou explicitar passo a passo como implementar um círculo de leitura na escola, tendo como horizonte o ensino fundamental. Naturalmente, ao fazer a explicitação do círculo de leitura por etapas, não estou supondo uma aplicação rigorosa e cega dessa estratégia pedagógica. Ao contrário, desejo que os detalhes apresentados funcionem como sinalizações para que cada professor constitua em sua sala de aula e por ele mesmo um círculo de leitura que atenda a seus objetivos de ensino e às características de sua escola e de seus alunos.

Essa recomendação de personalização não é simplesmente uma cautela de minha parte quanto ao uso da estratégia, mas sim uma condição necessária de seu sucesso. Nós, professores, sabemos bem que não há duas turmas iguais ainda que sejam do mesmo ano escolar e com alunos da mesma faixa etária. Por isso, é fundamental que o círculo de leitura assuma as feições da sua turma, na sua escola, correspondendo ao nível de competência literária e ao desenvolvimento que seus alunos precisam alcançar naquele momento dentro do percurso de formação de leitores literários.

Para usar o círculo de leitura como estratégia de ensino de leitura literária é preciso fazer um planejamento de sua implementação que aqui vamos dividir em três grandes etapas:

- Modelagem,
- Prática,
- Avaliação.

Na **modelagem**, a atividade é essencialmente centrada no professor, que apresenta o círculo de leitura e prepara os alunos para participarem dele produtivamente.

Na **prática**, a atividade passa a ser dos alunos que leem o livro todo ou um trecho em casa, preparam questões e debatem a obra em grupos na sala de aula, cabendo ao professor apenas o acompanhamento atento das discussões dos alunos nos grupos.

> Adianto aqui que essa orientação pode ser seguida mesmo com crianças que ainda não possuem autonomia como leitoras, usando naturalmente livros de imagens, livros ilustrados ou até um material audiovisual. Nossa experiência, assim como a de colegas, comprova que crianças de 7 e 8 anos, quando devidamente orientadas, apresentam excelentes performances nos círculos de leitura.

Na **avaliação**, por sua vez, professor e alunos compartilham a responsabilidade de verificar rendimentos e avançar na consolidação do círculo de leitura como atividade formativa, seja por meio da observação da discussão e da análise das anotações, no caso do professor; seja por meio de formulário de autoavaliação e avaliação oral coletiva, no caso dos alunos.

Apesar de constituírem etapas específicas, **modelagem**, **prática** e **avaliação** não são momentos estanques, antes vão se misturando à medida que o círculo é colocado em funcionamento e vai evoluindo ao longo das aulas. Dessa maneira, se é verdade que se começa sempre com a modelagem e se encerra com uma avaliação, isso não significa que modelagem e avaliação não aconteçam durante a prática.

Nesse sentido, talvez fosse mais pertinente pensar que após uma preparação inicial, um círculo de leitura funciona alternando momentos de modelagem e avaliação dentro do processo de execução que se estende por um semestre ou um ano escolar. É por essa razão que vou começar a detalhar o funcionamento de um círculo de leitura pela prática e deixar a modelagem e a avaliação para serem tratadas à parte. Acredito que uma vez compreendido o funcionamento da estratégia será mais fácil entender a necessidade e importância da modelagem e da avaliação dentro do processo de ensino, assim como o planejamento detalhado de todas as etapas para a implantação de um círculo de leitura em uma escola específica.

Após o período de modelagem inicial, quando a atividade é apresentada aos alunos em detalhes, começa a prática propriamente dita do círculo de leitura. Essa etapa se subdivide em seis fases:

1. Seleção das obras
2. Formação dos grupos
3. Cronograma
4. Encontro inicial
5. Encontros mediais
6. Encontro final

SELEÇÃO DAS OBRAS

> A seleção das obras a serem lidas no círculo de leitura deve ser compartilhada entre o professor e os alunos.

Uma maneira ideal de conduzir a seleção consiste em marcar um dia para que todos apresentem obras para serem lidas pela turma durante o semestre. Nesse dia, professor, bibliotecário ou professor responsável pela biblioteca escolar e alunos trazem os livros que são, inicialmente, manuseados por todos e, depois, feita uma breve justificativa da indicação por quem trouxe o livro. Após essa justificativa, as obras são listadas pelo professor no quadro e cada aluno escolhe individualmente uma quantidade de obras que corresponde ao número de textos a serem lidos naquele semestre, registrando em um pedaço de papel a ordem preferencial de leitura das obras. As obras que receberem um maior número de indicação serão aquelas selecionadas para a leitura da turma.

Nesse modelo, é importante que os alunos se sintam à vontade para indicar obras de suas preferências individuais e até para não indicar nenhuma obra. O professor, por sua vez, deve estabelecer algumas regras para as indicações, como número de páginas mínimo e máximo, a possibilidade/facilidade de rápida aquisição (obras fora do mercado, por exemplo, são mais difíceis de serem adquiridas), obras que não foram objetos de outras atividades de leitura da turma em período anterior ou que ainda serão usadas naquele ano, entre outras delimitações envolvendo a operacionalidade da indicação. Regras relativas à temática ou ao gênero específico de texto devem ser evitadas para não tolher a indicação do aluno, embora se possa acertar que sejam obras narrativas, por exemplo.

Caso o professor perceba que os alunos ainda não possuem um repertório para indicar as obras por eles mesmos ou que a aquisição das obras nesse sistema será complexa por questões de tempo e financeiras, ele pode acertar com o responsável pela biblioteca e fazer uma seleção dentre as obras disponíveis na escola. Nesse caso, será o responsável pela biblioteca que fará a apresentação das obras para os alunos. Se não houver biblioteca na escola ou estiver indisponível por alguma razão, o professor pode ainda lançar mão de uma caixa de livros, apresentar os textos aos alunos, justificando por que levou aqueles livros para serem selecionados por eles.

Aqui é importante lembrar que em um círculo de leitura se realiza uma **leitura intensiva das obras;** logo, elas não podem ser em grande número. Ao contrário, ler três ou quatro obras por semestre indica um funcionamento excelente do círculo de leitura em uma turma. Por isso, o número disponível para a seleção não deve ser maior do que duas ou três vezes o número de obras a serem efetivamente selecionadas. Em uma turma com 30 alunos, por exemplo, divididos em 6 grupos de 5 alunos, 10 a 12 títulos são suficientes para se proceder a seleção.

É comum o professor dos anos iniciais e até mesmo dos anos finais do ensino fundamental preferir trabalhar obras com poucas páginas ou que possam ser lidas de uma única vez. Alertamos, porém, que para um círculo de leitura esse não é um bom critério de seleção. Ao contrário, um livro um tanto mais volumoso possibilitará a realização de mais de um encontro e treinará o aluno para ir aprimorando sua interpretação ao longo das discussões. Também não se deve temer que um aluno mais apressado avance na leitura e termine o livro antes do previsto, pois esse conhecimento da totalidade da narrativa pode contribuir para discussões mais aprofundadas, pois para ele será uma releitura. Afinal, nessa leitura compartilhada, o que vale mais é a discussão e não saber todos dos detalhes da história.

É direito dos alunos participar de alguma maneira do processo seletivo até para que não recebam as obras como uma imposição. Ao professor cabe selecionar obras que respondam aos diferentes interesses e níveis de leitura dos alunos, sem se esquecer de que também é seu papel desafiar esses interesses e níveis, propondo textos mais diversos e progressivamente mais complexos. Daí que as obras não precisam estar todas no mesmo nível de complexidade, ainda que próximas entre si, apresentando, preferencialmente, diversidade temática e composicional. Além disso, mesmo que uma obra seja considerada difícil para alguns alunos, a escolha dela não deve ser desencorajada, pois a dinâmica da leitura compartilhada pode compensar facilmente as dificuldades enfrentadas individualmente.

> Temos relatos de colegas que ao levar os alunos para fazer a seleção na biblioteca perceberam escolhas que consideraram inadequadas tanto pela idade quanto pela capacidade leitora da criança: as obras eram muito infantis para alunos daquela faixa etária ou muito complexas para serem lidas para quem ainda precisava do apoio de imagens para compreender bem o texto, mas decidiram apostar no princípio da autonomia do aluno e se surpreenderam com as leituras realizadas nos grupos que foram muito além do que eles haviam previsto.

Uma vez selecionadas as obras para o semestre ou ano, pode haver um grupo que tendo iniciado a leitura tenha dificuldade ou simplesmente não goste daquela obra porque não atende às expectativas do grupo quanto ao seu conteúdo ou outra razão qualquer. Nesse caso, eles podem trocar por outra obra que conste na lista inicial. Também um aluno do grupo pode não gostar daquela obra e, nesse caso, convém mudar de grupo ou pelos menos ter negociada a sua próxima leitura. Sendo assim, a lista deve ser maior do que o número de obras a serem lidas efetivamente.

Do mesmo modo, a turma não precisa ler todas as obras selecionadas, passando de um grupo a outro, como em um sistema de rodízio. Ao contrário, uma obra pode ser lida ao mesmo tempo por dois ou mais grupos, caso haja disponibilidade de exemplares, ou ser lida pelos grupos em ordem sucessiva, ou ser lida uma única vez por apenas um grupo durante o semestre.

Em um círculo de leitura, vale mais o processo do que o conteúdo, ou seja, o que realmente importa para a aprendizagem é menos a leitura daquela obra específica e mais a leitura intensiva de uma obra, isto é, ler observando cada aspecto da obra, os detalhes do contexto, da linguagem, da maneira de narrar a história, da construção das personagens, das suas falas, do confronto de pensamento entre o narrador e as personagens, as relações com outros textos e assim por diante, conforme as características do texto e a experiência do leitor. Em suma, a prática do que denominamos na área de literatura como *close reading*, isto é, aquela leitura atenta e detalhada dos recursos empregados na elaboração do significado do texto e como eles ganham sentido para o leitor.

FORMAÇÃO DOS GRUPOS

Os grupos devem ser formados com não menos que três e não mais que cinco alunos. O ideal são quatro alunos no grupo para que haja uma interação equilibrada entre os membros dentro do grupo e entre os grupos na sala de aula.

Caso a turma tenha um número ímpar, é mais adequado fazer dois ou mais grupos com um número menor de alunos do que um único grupo destoando do conjunto. Assim, se a turma tiver 29 alunos, o professor deve preferir formar cinco grupos de quatro alunos e três grupos de três alunos em lugar de cinco grupos de cinco alunos e um de quatro.

O critério fundamental para a distribuição dos alunos nos grupos é o rodízio de seus membros a cada obra lida, o que faz com que **todos os grupos sejam temporários, se desfazendo e refazendo com novos membros continuamente**. O professor deve cuidar para que não haja repetição dos mesmos alunos no grupo ou que haja um rodízio de pelo menos parte do grupo, se a turma for pequena. Essa mudança contínua dos membros é importante tanto para o fortalecimento da turma como uma comunidade de leitores quanto para o desenvolvimento da sociabilidade dos alunos.

Seguindo esse critério maior, o professor pode adotar como meio de distribuição dos alunos a ordem de preferência de leitura feita na seleção das obras, ou seja, os alunos são agrupados conforme as obras que gostariam de ler em primeiro lugar. Para evitar a repetição dos mesmos membros, o professor pode estabelecer que cada grupo seja constituído por alunos que escolheram aquela obra em diferentes posições, assim um grupo seria constituído pelos alunos que escolheram a obra como primeira opção; outro grupo, pelos alunos que escolheram a obra em primeira, segunda, terceira e quarta opção; outro grupo, por alunos que escolheram a obra como segunda e terceira opção; e assim por diante.

Naturalmente, os critérios de ordenamento devem ser claramente apresentados aos alunos e discutidos com eles caso seja necessário. Sorteios e outras formas aleatórias de agrupamento usualmente vistas como mais justas ou neutras pelo seu caráter de imprevisibilidade devem ser evitadas porque impedem a ação consciente do professor de fortalecer a turma como uma comunidade de leitores.

CRONOGRAMA

Há dois cronogramas a serem elaborados em um círculo de leitura. Um primeiro, coletivo, que é do professor com a turma, e um segundo, particular, que é do grupo estabelecendo os tempos de leitura da obra.

No caso do cronograma coletivo, o professor precisa, antes de mais nada, verificar o número de obras que serão lidas no semestre, estabelecendo o prazo geral dos encontros e intervalos entre a leitura de uma obra e outra se julgar necessário. Se a turma for iniciante em círculo de leitura, o melhor é não ultrapassar a medida de três a quatro encontros por obra, com uma semana de intervalo entre um encontro e outro. Se for uma turma que já conhece a dinâmica do círculo de leitura, pode haver mais encontros por obra e eles podem ser mais concentrados, com dois encontros semanais, e uma semana entre a leitura de uma e outra obra.

Uma vez definido o número de obras e encontros necessários para a leitura de cada obra, é hora de elaborar o calendário com dia e horário fixo para o círculo de leitura. **Aqui é muito importante que o calendário estabelecido seja mantido, sobretudo no caso de outras atividades da escola, para que os alunos percebam que se trata de uma atividade sistemática e com a qual precisam se comprometer.** Nada mais desapontador para o aluno que se preparou para discutir a obra naquele dia saber que o encontro foi suspenso ou transferido para uma outra data por conta de uma reunião do professor ou uma outra atividade inesperada da escola. Por isso, aconselhamos fortemente que o professor compartilhe com a equipe pedagógica e a direção o calendário do círculo de leitura de sua turma, assim como o divulgue amplamente junto aos pais e responsáveis para que os alunos não faltem nos dias determinados para os encontros.

Já o cronograma particular deve ser elaborado pelos próprios alunos estabelecendo o quanto será lido da obra para cada encontro do grupo. Essa é uma das tarefas do encontro inicial.

ENCONTRO INICIAL

Para os encontros dos grupos, o ideal é que sejam realizados em uma sala ampla para que fiquem relativamente distantes uns dos outros e possam discutir sem ter que baixar demasiadamente a voz. Se a sala de aula for pequena para o total de alunos, uma alternativa pode ser a sala de leitura da biblioteca ou até mesmo um espaço aberto como o jardim ou a quadra de esportes ou, ainda, usar duas salas contíguas.

No primeiro encontro dos grupos, há quatro passos a serem cumpridos pelos alunos. Ao entregar as obras para os grupos, o professor deve enfatizar a obediência estreita a esses quatro passos, mesmo que os alunos já tenham alguma experiência com os círculos de leitura. Isso porque são etapas organizacionais e devem se repetir em todos os grupos sempre que for iniciada a leitura de um novo livro.

O primeiro passo é o manuseio da obra pelos membros do grupo, para a identificação e leitura de capa, paratextos, ilustrações, dados biográficos do autor e, caso o grupo julgue necessário, a leitura das primeiras páginas. Esse é o momento em que se busca o reconhecimento da materialidade do texto e também estabelecer um primeiro contato que serve de motivação para a continuidade da leitura.

O segundo passo é a indicação das funções dos membros do grupo, seguindo ou não os cartões de função que apresentarei posteriormente. Todos os membros do grupo precisam ter um papel previamente definido por mais experientes que sejam e por mais simples que seja a divisão das tarefas. Nesse sentido, é preciso que cada grupo tenha, pelo menos, um líder ou coordenador, que fica responsável pela condução do grupo no momento da discussão e apresentação final dos resultados para a turma, funcionando como um porta-voz, ao lado de um secretário ou registrador, que tem a função de registrar e cuidar para o cumprimento das decisões do grupo, podendo os demais membros terem a obrigação coletiva de discutir o texto. Os papéis de líder e secretário não precisam ser permanentes, ou seja, podem ser rotativos entre os membros, modificando-se a cada encontro, resguardada a responsabilidade final do porta-voz.

O terceiro passo consiste na definição do tópico de discussão do próximo encontro. Esse tópico, em grupos mais experientes, pode ser definido a partir da leitura conjunta das primeiras páginas, quando os alunos levantam uma questão que pode ser ou não respondida na leitura das páginas seguintes. Para grupos iniciantes, convém o professor ajudar sugerindo que façam uma pergunta que pode ser uma explicação do título ou de alguma informação na contracapa ou orelha ou da ilustração da capa.

O quarto passo é a elaboração do cronograma de leitura do grupo, quando os alunos estabelecem os trechos a serem lidos conforme o calendário dado pelo professor. Se achar necessário, o professor pode fazer um formulário a ser preenchido pelos alunos com o título da obra, nome do grupo e a quantidade de páginas que serão lidas nos encontros subsequentes. Aqui é importante compreender que esse cronograma é dos alunos, e não do professor. Por isso, o formulário, se houver, não precisa ser devolvido para o professor, mas ficar na posse de cada um dos membros do grupo.

No caso de crianças bem pequenas, afora o primeiro passo do manuseio das obras, os três passos seguintes podem ser determinados coletivamente pela turma ou previamente organizados pelo professor, sempre com a possibilidade de transferir para os grupos essas etapas organizacionais tão logo eles tenham aprendido o funcionamento de um círculo de leitura. Assim, o professor pode alterar a ordem das etapas e começar apresentando um cronograma de leitura para todos os grupos (para isso é importante que os livros tenham um número similar de páginas). Depois indicar quem será o líder (a função de secretário pode ser de todo o grupo que fará um breve relato oral para o professor registrar e posteriormente, à medida que os alunos se familiarizam, começar a ser individualizada). Em seguida, indicar para todos os grupos um tópico geral, preferencialmente voltado para a construção de hipóteses sobre o texto, que pode vir na forma de uma pergunta, a exemplo de "Qual é a história do livro?", "Quem aparece na capa?" e outras mais específicas de acordo com o livro. Também pode ser feita a proposta que todos os grupos façam uma avaliação rápida da obra por meio de alguma estratégia motivadora, como verificar o peso do livro, na qual os alunos brincam com a ideia de peso, indicando que o livro é pesado ou leve por alguma razão antecipada só de manuseá-lo. Naturalmente, as perguntas e as estratégias já devem ser conhecidas dos alunos de outras atividades de leitura ou que fizeram parte da modelagem do círculo de leitura.

O que não se pode perder de vista é que, independentemente da idade das crianças e de suas competências leitoras, há uma rotina a ser seguida quando se começa um círculo de leitura e que o este deve ser uma atividade permanente na escola, indo dos anos iniciais aos finais, acompanhando os alunos durante todo o percurso formativo de leitor.

ENCONTROS MEDIAIS

> Todos os encontros em que é feita a discussão da obra possuem uma estrutura similar em cinco momentos:
> 1. Orientação
> 2. Discussão
> 3. Registro
> 4. Organização
> 5. Comentário

Estamos deliberadamente excluindo desses momentos o tempo dedicado à leitura individual da obra porque consideramos que deve ser feita preferencialmente fora da sala de aula, em momento anterior ao encontro do grupo. Ou seja, a leitura dos trechos da obra e o cumprimento das tarefas associadas à leitura, como preenchimento do cartão de função, diário de leitura e questões de discussão, devem ser feitos previamente ao encontro de discussão.

Todavia, dependendo da carga horária conferida à atividade e ao julgamento das necessidades dos alunos, as leituras podem ser incluídas, ainda que parcialmente, em aulas específicas. Dessa forma, alunos maiores podem ser beneficiados com a leitura silenciosa sustentada, com todos lendo silenciosamente em sala de aula ou na biblioteca, assim como podem ter algumas aulas ou reuniões dedicadas unicamente à leitura em voz alta da obra ou de partes dela. Já as crianças menores se beneficiariam mais de uma leitura em voz alta feita pelo professor e de um tempo supervisionado para o cumprimento das tarefas de leitura.

Também não estamos considerando um momento para o que poderíamos denominar de preparação porque deve ser parte da rotina pedagógica do professor. Essa preparação consiste em, no dia anterior ao encontro, verificar se todos os alunos já leram o trecho da obra e cumpriram suas tarefas, assim como alertar para o calendário, entre outros cuidados para que o encontro seja bem-sucedido.

No dia do encontro, a aula se inicia com **o momento de orientação**. É quando o professor, em um breve período de tempo que não deve ultrapassar 10 a 15 minutos, trata de algum aspecto relevante sobre a leitura e o funcionamento dos grupos. É importante que essa preleção seja não apenas breve, mas também trate de um único tema, preferencialmente ligado ao que foi observado no encontro anterior. O professor deve escolher o que é relevante para toda a turma e não para um ou outro grupo. Esse tema pode ser tanto uma questão conceitual – como a diferença entre narrador e personagem, se essa for uma questão importante para aquela leitura dos grupos – quanto comportamental – a exemplo da necessidade de ouvir melhor o outro ou cumprir o que foi acordado –; ou, ainda, a modelagem de um procedimento que precisa ser introduzido ou reforçado.

O **momento seguinte é o da discussão**, em que os alunos se reúnem e trabalham nos seus grupos por cerca de 30 a 50 minutos, sendo que crianças menores usam menos tempo que as maiores. Esse é o momento em que as leituras individuais são compartilhadas no grupo, com os membros apresentando questões ou o cartão de função e debatendo livremente o que conseguem interpretar do texto até o momento. A condução dessa discussão a ser feita pelo líder ou coordenador pode seguir três caminhos.

O primeiro deles é feito por leitores inexperientes em círculos de leitura que **empregam os cartões de função**, ou seja, os membros do grupo receberam uma função prévia, como sintetizar o texto, explicar o sentido de algumas palavras ou passagens, analisar uma personagem (vou fazer uma descrição à parte dessas funções adiante no capítulo "Os cartões de função"), e nesse momento colocam em discussão o que anotaram para aquela função. Aqui é fundamental que **essas funções sejam discutidas** e não lidas mecanicamente como quem responde um questionário ou ficha de leitura. Por exemplo, o aluno que tem a função de sintetizar o texto apresenta sua síntese e ela deve ser discutida, complementada, emendada e refeita oralmente pelo grupo, o mesmo acontecendo para as outras funções, ou seja, o membro que exerce a função é apenas o ponto de partida para aquela discussão.

O segundo caminho é indicado para alunos que já possuem alguma maturidade na leitura e na escrita. Ele consiste em estabelecer **um determinado número de questões** sobre um tópico previamente acertado ou algum aspecto da obra, como categorias da narrativa, por exemplo, ou a partir de algo que incomoda ou chama a atenção na obra (no final deste livro há uma sugestão de 50 questões e também orientações sobre como gerar perguntas que ajudam a desenvolver uma discussão autêntica). Essas questões que variam entre três e cinco são elaboradas pelos alunos durante a leitura prévia e trazidas para a discussão no grupo. O aluno pode fazer sua pergunta e esperar a resposta dos outros membros para depois apresentar sua resposta ou apresentar já a pergunta e a resposta submetendo ambas à discussão dos outros membros. Nesse caso, os alunos devem estar preparados para fazer **perguntas abertas, ou seja, perguntas que não podem ser respondidas com um sim ou um não**, mas que demandem uma explanação, justificativa ou explicação (veja como são essas questões na lista que fiz em "As questões").

O terceiro caminho é próprio de alunos já experientes em círculos de leitura ou atividades similares de discussão de textos. Consiste em usar **um diário de leitura** no qual o aluno faz anotações diversas durante a leitura. Essas anotações vão servir de base para a discussão do grupo a respeito da obra, podendo se referir a questões de elaboração textual, a intertextos e um contexto determinado. Aqui o que vale é o compartilhamento da leitura, a discussão realizada em torno do **sentido do texto tal como foi construído** pelo aluno e o que o texto diz para ele e para o seu grupo.

Esses três caminhos podem ser usados separadamente, combinados ou em alternância, a depender das obras e da competência dos alunos. O que se espera é que o momento da discussão seja realmente um momento em que se discute o texto, em que a obra é interpretada coletivamente pelo grupo a partir das leituras individuais. Por isso, não se trata de buscar uma leitura única ou correta, nem que um membro vá ensinar algo sobre a obra para um colega como em um seminário. **Todos vão compartilhar** e é desse compartilhamento que o sentido da obra emergirá. Daí a necessidade de que a discussão se dê seguindo regras democráticas, com todos exercendo o direito de falar e ser ouvido livre e igualmente.

Depois da orientação e da discussão, o **terceiro momento é o do registro**, que deve ocorrer entre 10 e 20 minutos, com os alunos encerrando a discussão e fazendo um resumo do que foi discutido. Esse registro pode ser um texto individual ou coletivo, com uso de formulário ou sem forma definida. Se a opção for pelo registro individual, deve-se chamar a atenção do aluno para registrar não apenas o que ele compreendeu, mas também as percepções diferenciadas dos colegas e o que ficou como consenso do grupo. Se o registro for coletivo, a opinião de todos deve ser registrada. Se um único aluno assumir a função de registrador, esse é o momento em que esse registro é compartilhado com os outros membros e emendas e correções são feitas. Ao final, o essencial é que todos os membros do grupo tenham um registro da discussão realizada no encontro.

O quarto momento é o da organização, quando é estabelecido o tópico da discussão do próximo encontro, a função que cada um dos membros irá exercer se elas não forem permanentes e alguma correção ou reforço que se faça necessário entre os membros. É o momento de fortalecer os laços do grupo em torno da leitura da obra, e seu tempo deve ser inferior ao usado para o registro.

Por fim, **o quinto e último momento de um encontro medial é o comentário**. Trata-se do encerramento das atividades do dia, com os grupos sendo desfeitos e os alunos retornando a suas posições usuais. Caso estejam em um local especial, os alunos podem fazer um círculo com o professor e, em não mais que 10 a 15 minutos, o coordenador do dia fala rapidamente do progresso do grupo até então e o professor pode fazer alguma orientação que considere urgente, sabendo que esse momento não é de preleção, mas sim de fechamento da atividade.

Aliás, cumpre destacar que durante os quatro momentos do encontro que se seguem ao momento da orientação, o papel do professor é essencialmente de um observador. Ele deve interferir minimamente nos grupos e apenas no caso em que os alunos estejam claramente desvirtuando os propósitos do círculo de leitura. Essa interferência mínima não deve ser confundida com indiferença, com o professor aproveitando o momento da discussão para cumprir obrigações burocráticas, como preenchimento de planilhas ou correção de atividades ou mesmo leitura de algum texto.

Ao contrário, o professor deve ficar atento ao funcionamento dos grupos, fazendo anotações e ficando disponível para dirimir dúvidas ou reforçar alguma orientação em algum grupo, sempre da maneira mais discreta possível, evitando chamar a atenção dos demais. Uma boa estratégia é criar sinalizadores para os grupos que facilitem uma comunicação menos intrusiva. Um exemplo bem simples é um círculo feito de cartolina vermelha que o líder do grupo segura na mão com o braço levantado para chamar o professor. Também o professor pode usar círculos codificados de forma semelhante para ajudar o grupo a focar na atividade: um círculo verde que o professor entrega ao líder significa que o tempo está passando; já um círculo azul significa que o grupo está muito agitado e precisa se acalmar ou diminuir o barulho. Um colega nosso foi mais inventivo e criou bandeirinhas, com hastes fixadas em isopor, onde havia um comando ou instrução a ser seguida pelo grupo.

Em suma, a condução de um círculo de leitura requer paciência e confiança do professor na capacidade de seus alunos para realizarem a discussão por eles mesmos, sem apressá-los e ao mesmo tempo dando suporte e monitorando constantemente os grupos. O ideal é que o professor estimule a independência dos grupos e que os alunos procurem resolver por eles mesmos as questões que enfrentam, sejam elas relativas à compreensão e interpretação do texto ou à organização e desenvolvimento da discussão coletiva.

> Esse papel do professor como presença-ausência é importante para o ensino da literatura, como chama a atenção Lígia Chiappini Leite (1983), e é fundamental nos círculos de leitura. Por conta da tradição escolar que concebe a aula como fala expositiva, deixar que os alunos conduzam a discussão e sejam responsáveis pelo funcionamento de seu grupo é difícil não só para o professor, mas também para o corpo pedagógico e até mesmo a administração da escola. Por isso, convém que coordenadores e diretores sejam bem informados e saibam claramente como funciona uma aula de círculo de leitura para apoiar o trabalho do professor.

ENCONTRO FINAL

O encontro final é o momento em que se encerra a leitura daquela obra pelo grupo. Ele precisa seguir três passos:

O primeiro é a reunião do grupo para acertar e discutir algum detalhe para a apresentação da leitura aos colegas, incluindo aí um momento de **agradecimento pelo compartilhamento de leitura**.

O segundo é **a apresentação da leitura do grupo para toda a turma**. Essa apresentação pode ser uma atividade muito simples, como uma síntese oral da interpretação da obra feita pelo grupo, ou atividades mais elaboradas, como um gráfico com todos os personagens, uma linha do tempo para a história, uma entrevista com a personagem protagonista ou com o autor da obra, uma continuação da história, um júri simulado, uma dramatização, o diário de uma personagem secundária, a confissão de uma personagem antagonista e outras tantas atividades criativas que a leitura da obra possa incitar. Caso queira fazer desse encontro um momento especial, pode ser interessante promover inicialmente um encontro final bem simples e deixar para outro momento, como suplemento, a apresentação mais elaborada. Essa apresentação pode ser o resultado do círculo no final do ano ou do semestre, com os alunos selecionando uma das obras para apresentar a leitura em um evento para toda a escola, funcionando também como uma avaliação, conforme veremos mais adiante.

O terceiro momento é o da **autoavaliação e avaliação** que o aluno faz da leitura daquela obra, seguindo preferencialmente um formulário dado pelo professor. Essa é uma atividade que é feita individualmente após o grupo ter sido desfeito, mas pode ser incluída na atividade final do grupo se o professor considerar mais interessante uma avaliação única ou coletiva do grupo. Em qualquer das alternativas, o aluno deve ter parâmetros claros para conduzir essa avaliação.

A modelagem é a base para o sucesso de um círculo de leitura. Consiste em "encenar" para os alunos e ensaiar com eles todas as etapas de funcionamento de um círculo.

> Aqui é preciso compreender encenar/ensaiar não como partes de uma representação teatral, mas sim como estratégias de ensino pelo exemplo e pela experiência, que aguça as capacidades de observação e metacognitivas voltadas a entender o "como se faz" e "por que se faz", e não somente ao ato em si da leitura no círculo.

Ela tem início com a explicação detalhada de como funciona um círculo de leitura para quem vai realizá-lo. Essa explicação é necessária tanto para as crianças menores quanto as maiores. Depois, vem o processo de modelagem propriamente dito, que abrange dois procedimentos: **a demonstração**, quando o professor encena, ou seja, mostra como faz cada procedimento; em seguida, **o treinamento**, quando o professor e os alunos ensaiam e treinam as diversas etapas e fases de um círculo de leitura, repetindo um ou outro procedimento quantas vezes forem necessárias.

> O professor deve compreender que ao usar "treinamento" não estamos tratando de uma mera repetição mecânica de procedimentos, mas sim o compartilhamento de um protocolo de leitura no qual as crianças assumem o lugar de observadoras de uma prática de círculo de leitura com leitores experientes para que esse distanciamento e a posterior sistematização/reflexão favoreça uma aprendizagem prévia à vivência autônoma entre as crianças.

O primeiro passo da modelagem é mostrar como deve ser feita **a leitura em casa**. O professor escolhe um pequeno texto e, na frente de todos os alunos, lê o texto silenciosamente, faz anotações e preenche o cartão de função ou cria perguntas e respostas. Como se trata de uma encenação, o professor pode parar em qualquer momento e perguntar se estão entendendo. Também é importante que o texto usado seja bem curto e já conhecido dos alunos, pois assim ficará mais fácil seguir o procedimento do professor.

Tão logo termine essa demonstração da leitura do texto, o professor deve realizar com os alunos um treinamento usando um outro texto igualmente curto, para que as duas atividades sejam sequenciais. Agora serão os alunos que farão as observações e o preenchimento do cartão de função ou a criação das perguntas. O professor pode verificar esse preenchimento solicitando que alguns alunos apresentem oralmente o que anotaram ou que os próprios alunos verifiquem aos pares se a atividade foi realizada adequadamente. Se perceber que o preenchimento está distante do desejado, deve repetir a atividade em uma próxima aula, sempre lembrando aos alunos que estão se preparando para a prática do círculo de leitura.

Uma vez assegurada a etapa da leitura, o professor deve passar para o segundo passo, que é **a modelagem da prática**. Nesse caso, o ideal é que o professor encene **os momentos de discussão e registro** com pelo menos três colaboradores, que podem ser a bibliotecária, membros da equipe pedagógica ou convidados. O texto deve ser um que já foi usado na etapa anterior, ou seja, não só um texto que os alunos conhecem bem, mas também para o qual eles tenham elaborado cartões de função ou perguntas.

Aliás, um bom recurso é aproveitar anotações, perguntas e preenchimento feitos pelos alunos sobre o texto para realizar essa encenação.

Naturalmente, o professor e seus colaboradores precisam fazer uma discussão e um registro o mais próximo possível da realidade. Por isso, aqui não deve haver paradas entre discussão e registro. Apenas no final esses momentos serão discutidos com os alunos, que devem ser instados a anotar suas dúvidas e questões durante a demonstração. Caso as crianças sejam bem pequenas, faz-se essa primeira demonstração geral e, em seguida, outra com os dois momentos de discussão e registro separados, para assegurar que cada momento seja bem compreendido.

Ao contrário da demonstração, que é centrada no professor, o treinamento deve ser coletivo, momento a momento, e retomando os passos anteriores. Assim, em primeiro lugar, os alunos fazem a leitura de um texto com anotações, preenchem cartões e depois discutem com a turma toda. Posteriormente, fazem a leitura de outro texto com anotações, preenchem cartões, discutem com a turma e fazem o registro. Esse procedimento progressivo é importante para que os alunos incorporem bem os dois momentos cruciais da prática. Nessas atividades coletivas, nem todos os alunos, obviamente, terão a chance de expor seus cartões e registros, mas o professor pode buscar alternativas de compartilhamento, como verificação em duplas ou mesmo o recolhimento desses produtos escritos para uma breve avaliação. Esse treinamento pode ser repetido mais de uma vez se a discussão e o registro não apresentarem um nível satisfatório de efetivação das atividades.

Alternativamente, ao optar pelo uso dos cartões de função, as funções devem ser praticadas por toda turma, uma por vez e com textos diferentes para cada uma delas. Nesse caso, o professor demonstra coletivamente como é a função e em seguida um aluno assume a sua posição por um breve período de tempo e assim sucessivamente. Se a turma for numerosa, os alunos podem ser divididos em grupos aleatórios e praticarem alternando as posições. Essa sistemática pode ser usada para o treinamento das funções separadamente ou de duas em duas se houver pouca disponibilidade de tempo, e pode-se usar como objeto de leitura um texto curto ou um único livro com vários capítulos, de forma que os alunos possam ler um capítulo para cada função. A escolha do texto curto ou do livro com capítulos não depende necessariamente da competência leitora dos alunos. Crianças pequenas podem ler um livro com capítulos assim como crianças maiores. É o conhecimento das características da turma pelo professor o que realmente conta na seleção de um ou outro tipo de texto.

Concluída essa primeira etapa de demonstração e treinamento, já pode ser realizado o encontro inicial, começando efetivamente o círculo de leitura. Em geral, essa modelagem inicial pode ser feita em até duas semanas, em aulas bem próximas, para depois se iniciar o calendário do círculo de leitura. Por isso, recomenda-se que os textos usados sejam preferencialmente curtos e sem muita complexidade de leitura para os alunos.

Não é necessário que os encontros inicial e final sejam especialmente modelados, mas caso o professor avalie que os alunos terão dificuldade de realizar tais encontros como planejados, eles também podem ser demonstrados e treinados. Não se pode esquecer, porém, que o processo de modelagem não se encerra nesse momento, mas acompanha o círculo de leitura em todo o seu funcionamento. Sempre que perceber que algum procedimento não está sendo bem realizado, o professor pode recorrer a uma modelagem, assim como à introdução de novos procedimentos, a exemplo da substituição dos cartões de funções por perguntas e respostas, que deve igualmente ser modelado. Até mesmo comportamentos no grupo podem ser modelados pelo professor. Por exemplo, percebendo que os alunos apresentam dificuldade em interagir nos grupos, o professor pode elaborar junto com os alunos uma lista de frases de intervenções para serem usadas nessas ocasiões, tais como "você poderia explicar melhor o que está dizendo sobre essa passagem?", "Se eu entendi bem o que você disse...", "Entendi a sua posição, mas estou pensando em outro aspecto". Se for uma modelagem mais longa, o melhor é que seja feita à parte do fluxo dos momentos da prática; mas se for algo breve, pode ocupar o momento da orientação. Em qualquer dos casos, a modelagem deve ser a maneira preferencial de fazer ajustes no movimento dos círculos de leitura.

Para reforçar a modelagem e a prática do círculo de leitura, atividades paralelas podem ser desenvolvidas com a turma. O professor pode, por exemplo, elaborar, juntamente com os alunos, cartazes que ficam fixados nas paredes descrevendo os cartões de funções, as regras de comportamento nos grupos, tais como discordar com polidez, levantar a mão para falar, responder olhando para a pessoa que perguntou, não ficar falando o tempo todo, esperar o colega terminar sua fala etc. Também é possível usar um vídeo ou filme em que há pessoas debatendo em grupo para ser analisado pelos alunos, se essa for a dificuldade percebida.

Finalmente, é importante lembrar que a modelagem se destina a preparar os alunos para a prática do círculo de leitura. Um tempo muito grande dispendido na modelagem pode desanimar os alunos e levar o professor a perder o foco da estratégia principal. De forma oposta, um tempo muito reduzido e uma modelagem apressada podem fazer com que os alunos não consigam praticar o círculo de leitura com propriedade e terminem rejeitando a atividade porque não foi compreendida adequadamente. Não há como determinar um equilíbrio previamente; somente o professor, com o conhecimento e a experiência de sua sala de aula, pode estabelecer o momento em que a modelagem deve ceder lugar para a prática efetiva do círculo de leitura.

Para realizar a avaliação do círculo de leitura, o professor tem vários meios e objetos à sua disposição e um princípio que deve se colocar acima de todos: a efetivação da leitura literária. Em outras palavras, a avaliação deve ser conduzida com o máximo de cuidado para que não se transforme ela mesma no objeto do processo de leitura dos alunos. Se isso acontecer, há o risco de o círculo de leitura funcionar não **para que os alunos compartilhem a leitura de uma obra por meio de uma discussão sistemática e organizada**, mas, sim, para cumprir determinadas tarefas cujos resultados serão traduzidos em pontos ou conceitos.

Tendo esse princípio sempre no horizonte – **a efetivação da leitura literária** – e tentando evitar as armadilhas costumeiras da avaliação escolar, a avaliação de um círculo de leitura é contínua e se alimenta basicamente da observação das discussões e dos produtos escritos das atividades, com o professor contando, sempre que possível, com a colaboração dos alunos em processos de autoavaliação. Para tornar sua observação mais controlada e de fácil acesso posteriormente, o professor pode adotar um formulário ou planilha que segue as fases do processo de leitura. Assim, para avaliar o encontro inicial, por exemplo, o formulário deve conter quatro tópicos, cada um deles correspondendo aos passos do encontro, com opção de avaliação sintética e observação por grupo, conforme sugestão do Anexo 1 – "Avaliação do momento inicial". O mesmo deve acontecer para os momentos da discussão, excluindo, obviamente, o primeiro momento da orientação. Esses formulários também podem ser bem específicos, focando e discriminando um determinado momento, como, por exemplo, a discussão. Dessa forma, o professor pode fazer um formulário para verificar se o aluno se preparou para a discussão como foi orientado, se participou efetivamente da discussão e se cumpriu adequadamente a função que lhe foi atribuída, entre outros aspectos. Caso seja interesse do professor, nada impede que esses formulários sejam também ocasionalmente preenchidos pelos alunos como forma de autoavaliação.

Alternativamente, o professor pode usar como instrumento de avaliação a gravação em vídeo de um dos encontros. Esse vídeo pode ser produzido desde os primeiros encontros, mas costuma obter melhores resultados quando os alunos já têm alguma familiaridade com o processo do círculo de leitura. Podem ser usados para ajustes finos em procedimentos ou alguma dificuldade que o grupo ou a turma enfrenta sem conseguir resolver por meio da modelagem. A análise compartilhada do vídeo entre alunos e professor em que se faz uma autoconfrontação – à semelhança do que se faz em pesquisas sobre formação docente, como mostram Ada Brasileiro (2011) e Marcos Vieira e Daniel Faïta (2003) – é uma atividade de avaliação extremamente proveitosa porque favorece questionamentos e justificativas simultâneas, tanto na relação entre professor e alunos quanto na relação entre os pares e consequente conscientização e compromisso de todos com a melhoria do círculo de leitura. Além disso, o vídeo pode ser utilizado futuramente para a modelagem com outras turmas.

Já para os produtos escritos, tais como o preenchimento dos cartões de função, anotações e perguntas prévias e registro das atividades do grupo, ao lado do tradicional recolhimento para a conferência do professor, que pode ser feita por amostragem nos grupos, diminuindo assim o volume da leitura, há a possibilidade de que essa conferência seja igualmente compartilhada com os alunos. Para tanto, é importante que seja designado um momento próprio para essa tarefa e os alunos sejam devidamente instruídos para realizá-la dentro do grupo, intergrupos ou em pares.

Tal como a modelagem tem o momento da orientação para ser inserida no funcionamento regular do círculo de leitura, a avaliação tem **o momento do comentário**. Não se trata, porém, de um tempo estendido para o qual se possa construir instrumentos especiais para a avaliação, ao contrário, ele deve ser caracterizado pela brevidade. Mesmo assim, o comentário pode cumprir um papel relevante para alertar e gerar consciência entre os alunos sobre a aprendizagem que estão realizando por meio do círculo de leitura.

O tempo maior a ser ocupado pela avaliação acontece no terceiro momento do encontro final. Nesse caso, o mais adequado é que nesse momento se concentrem as estratégias de autoavaliação dos alunos, com o emprego de formulários ou questionários específicos, como já mencionado. Esses questionários podem misturar tópicos relativos à leitura da obra com as habilidades sociais necessárias à participação na discussão e interação no grupo, assim como conter uma parte relacionada à autoavaliação e outra à avaliação do grupo. É assim que se pode fazer tanto um questionário de perguntas abertas – no qual os alunos respondem livremente como colaboraram para a discussão, o que foi bem e o que poderia ser melhorado nas atividades do grupo – quanto um questionário mais elaborado, usando itens da Escala Likert, buscando determinar o comportamento do aluno em cada passo e o momento dos encontros, conforme sugestão do Anexo 2 – "Questionário de autoavaliação".

Por fim, uma atividade que não precisa ser necessariamente ligada à avaliação, como já fiz referência ao falar do segundo momento do **encontro final**, mas que funciona muito bem para esse fim, é planejar uma apresentação dos conhecimentos obtidos na leitura das obras nos círculos de leitura em uma feira literária ou em um evento já existente no calendário da escola, como as festividades de encerramento do ano. Em qualquer dos casos, a apresentação pode consistir em uma fala dos alunos comentando os livros que leram em um processo que mistura divulgação e crítica, com apoio de cartazes ou outros materiais que julguem relevantes, além do próprio livro lido, obviamente. Esse procedimento também pode ser feito por meio de vídeo tal como fazem os chamados *booktubers* ou em uma espécie de passagem de bastão, ou seja, os alunos de uma turma sugerindo para os alunos de outra turma a leitura dos livros que leram no semestre anterior. Aqui, tal como em um encontro do círculo de leitura, o que deve ser enfatizado é o diálogo entre os leitores e não os recursos usados para efetivar esse diálogo. Por isso, caso essas apresentações forem usadas como instrumento de avaliação, aquilo que os alunos dizem sobre os livros é o que deve ser primariamente o objeto de observação e valoração por parte do professor.

Os cartões de função são tarefas previamente determinadas que ajudam a explorar o texto. No círculo de leitura, esses cartões orientam a discussão, guiando os leitores menos experiente no manuseio da obra. Nesse sentido, como recomenda o próprio idealizador das funções, Harvey Daniels (2002), eles não devem ser usados permanentemente, sob o risco de se tornarem muletas indispensáveis para o andamento das discussões. Assim, tão logo os alunos se habituem à dinâmica do círculo de leitura, esses cartões de função perdem a utilidade e devem ser abandonados em favor da elaboração de questões e de uma discussão mais livre e mais aderente às peculiaridades da obra que é objeto da leitura.

Essas funções são pensadas para a leitura de qualquer obra, embora sejam mais ajustadas a uma narrativa, que é também o tipo de texto mais usado nos círculos de leitura até por força da sua extensão, usualmente bem maior do que a de um poema lírico. Nada impede, porém, que as funções sejam usadas para a exploração de poemas ou outro tipo de texto. Do mesmo modo, elas não são fixas, podendo, em uma discussão, cada membro ter uma função ou uma mesma função para todos ou para os pares. O que determina o uso dessa ou daquela função é a demanda feita pela obra. Mas esse é um aprendizado que os alunos fazem progressivamente a cada leitura. Por isso, de início, o professor deve enfatizar aquelas funções que considera mais básicas, sejam elas quais forem.

Por fim, as funções que se seguem são aquelas que já constam dos muitos textos sobre os círculos de leitura, conforme se pode verificar não só em livros, como também em sites dedicados ao tema. Não buscamos fazer uma compilação extensa, mas apenas indicativa, porque a ideia é apresentar uma possibilidade que o professor pode adotar, fazendo modificações, renomeando e criando ele mesmo funções que são adequadas para um determinado texto e a aprendizagem de seus alunos.

Em nossa experiência, os alunos respondem bem ao preenchimento desses cartões e se adaptam rapidamente a cada função, mas caso o professor considere necessário ele pode fazer uma apresentação especial das funções que vai utilizar naquele semestre ou ano. Nesse caso, além de uma leitura coletiva de todas as orientações, convém que cada cartão de função seja modelado separadamente empregando o mesmo texto ou textos diferentes. O professor também pode preencher junto com os alunos alguns cartões de funções para mostrar como eles funcionam e também encenar um encontro de grupo com os cartões para que os alunos compreendam exatamente como utilizá-los como suporte da discussão. Para começar, talvez seja mais interessante usar apenas uma ou duas funções, aquelas que considerar as mais simples, e então, progressivamente, acrescentar outras. Não há problema nesse momento inicial se uma mesma função for determinada para mais de um aluno no grupo ou até mesmo que todos tenham a mesma função. Também é possível que alguns textos sejam mais facilmente explorados com poucas funções, enquanto outros demandem um maior número de funções ou que seja preciso ainda inventar uma função só para ele por conta de suas características, além de combinar ou detalhar funções já conhecidas.

Em suma, não há um uso único ou correto para esses cartões de função. Nossa sugestão é que o professor os considere como possibilidades e enfatize mais a função a ser exercida pelo aluno na discussão do que o preenchimento do cartão de função e, na sequência, mais a discussão do que a função. O entendimento básico é que essas funções são apenas pontos de partida para que se tenha uma leitura compartilhada da obra, por isso não devem ser assumidos como tarefas escolares tradicionais ou objetos de avaliação, mas apenas como suportes para sustentar os diferentes olhares que a leitura de uma obra requer.

QUESTIONADOR

Descrição

O questionador é aquele que prepara perguntas para os colegas e assim faz a discussão andar. Essas perguntas não podem ser respondidas com um sim ou não, mas devem demandar uma explicação ou elaboração. É interessante que as perguntas sejam tanto de cunho geral, que permitem iniciar uma discussão, como "Como você se sentiu lendo esse capítulo?" ou "Teve alguma coisa que te surpreendeu nesse trecho?"; quanto de cunho específico, isto é, tenham alguma referência em pontos específicos da obra, a exemplo de "O que você pensa da personagem ter feito isso?" ou "O que você pensa que o narrador queria ao fornecer a informação x?". Caso julgue necessário, o professor pode fazer uma lista de perguntas como apresentaremos no próximo tópico, mas o ideal é que as perguntas sejam resultado da leitura da obra, e não previamente estabelecidas. Também as perguntas que o Questionador preparou não precisam ser todas feitas ao grupo, devendo o aluno estar preparado para simplesmente deixá-las de lado se a discussão não precisar delas para acontecer. Deve ser evitado, ainda, que o Questionador se transforme em uma espécie de interrogador, simplesmente atirando perguntas ao grupo, afinal o círculo é sobre compartilhar a leitura e não atender a um interrogatório ou responder a um questionário. Por fim, o aluno que faz o papel do Questionador pode ter respostas para as perguntas, mas se quiser que os colegas participem deve guardar as suas posições para o final da discussão ou usá-las para ajudar um outro colega a completar seu pensamento.

CARTÃO
(orientação ao aluno)

QUESTIONADOR

Sua função é fazer perguntas sobre o texto para seus colegas. Você precisa de um mínimo de cinco questões e elas devem ser capazes de iniciar e manter a discussão. Por isso, não faça perguntas cuja resposta seja *sim* ou *não*. Por meio das questões, você deve fazer com que todos os membros do grupo participem. Não se incomode se sobrar alguma pergunta, pois o que importa é que o grupo discuta o texto. Mesmo que você tenha uma resposta, deixe o colega falar primeiro. As respostas para as suas perguntas podem ser surpreendentes. E não esqueça de que as perguntas são sobre o texto que já foi lido por todos!

Escreva agora suas perguntas:

_____

_____

_____

ILUMINADOR DE PASSAGEM

Descrição

O iluminador de passagem é aquele que seleciona uma passagem do texto para ser lida com mais atenção pelo grupo. Para isso, a passagem escolhida precisa ter alguma característica que a torne merecedora de atenção. O iluminador compartilha com os colegas a passagem para que seja analisada por todos e pode ser que nem todos cheguem à mesma conclusão que ele. O papel do iluminador não é decidir quem tem razão ou estabelecer um jogo de adivinhação sobre os elementos que levaram à escolha, mas sim debater com os colegas os diversos aspectos da passagem que lhe chamaram a atenção. Pode ser que seja um elemento estilístico, uma questão temática, algo que não deve passar desapercebido ao leitor, pois afetará a compreensão ou interpretação do texto. Aqui o que importa é a leitura minuciosa da passagem por todos e o impacto que tal leitura tem na discussão do texto.

CARTÃO
(orientação ao aluno)

ILUMINADOR DE PASSAGEM

Identifique uma ou duas passagens que você acha interessante por alguma razão. Por exemplo, ter sido bem escrita, ser importante para a história, precisar de uma explicação para ser entendida, ser emocionante, engraçada ou alguma outra coisa que só quem ler com atenção essa passagem consegue perceber. No momento da discussão, leia a passagem em voz alta. Depois, diga por que a escolheu e pergunte aos colegas o que eles pensam sobre isso.

Escreva aqui as passagens:

_____
_____
_____

CONECTOR

Descrição

Como bem diz a denominação, o conector é o responsável por estabelecer conexões entre o texto e outros textos (intertexto) e entre o texto e o mundo (contexto). Essas relações intertextuais e contextuais devem ser fortemente ancoradas no texto lido para evitar a construção de laços artificiais ou muito distantes das referências internas da obra. A depender do texto que é objeto da leitura no grupo, essa não é uma função fácil de ser executada porque requer um certo cabedal de leituras tanto de outras obras quanto de acontecimentos. Por isso, convém o professor verificar a história de leitura dos alunos antes de inseri-la em uma prática de círculo de leitura ou fornecer alguma ajuda extra se perceber que o aluno terá dificuldade em cumpri-la. Há quem defenda, porém, que essas conexões devem ser buscadas livremente pelos alunos e aceitas mesmo que pouco efetivas em relação ao texto. Nesse caso, o argumento principal é que essas conexões fazem parte do processo de leitura de qualquer texto, mesmo quando o resultado é incipiente.

CARTÃO
(orientação ao aluno)

CONECTOR

Muitas vezes, quando lemos um texto, ele nos lembra de alguma coisa que havíamos lido antes ou algum acontecimento que tomamos conhecimento em notícias nos jornais, na televisão e mesmo em uma conversa com os amigos ou em casa com alguém da nossa família. Escolha uma parte do texto que foi lido e diga como ele pode ser conectado a outro texto ou acontecimento. Depois pergunte para seus colegas de grupo se eles concordam ou se o trecho lembra coisas diferentes para eles ou se há outra parte do texto que pode ser conectada dessa mesma maneira. Quanto mais detalhes você oferecer da conexão que fez, melhor para a discussão.

Escreva aqui o trecho escolhido:
_____
_____
_____

DICIONARISTA

Descrição

A função do dicionarista é encontrar palavras ou frases que sejam desconhecidas, pouco usadas ou receberam um sentido especial no texto. O aluno deve não só escolher com cuidado essas palavras, como também desafiar seus colegas a decifrá-las. Se as palavras escolhidas forem facilmente decifráveis, o trabalho do dicionarista terá sido em vão e pouco contribuirá para a discussão do texto. Por isso, o trabalho do dicionarista vai sempre além de encontrar a palavra desconhecida e buscar seu significado em um dicionário. Na verdade, ele consiste em lexicalizar a palavra estabelecendo tanto o sentido geral quanto aquele(s) que ela adquire naquele contexto específico. É essa dualidade entre o que está no dicionário e o que está no texto, com todas as suas ressonâncias de sentido, que deve ser buscada pelo dicionarista, ou seja, é preciso atentar para o caráter ambíguo, metafórico, irônico e outros modos expressivos com que a palavra foi recoberta naquele texto.

CARTÃO
(orientação ao aluno)

DICIONARISTA

Há no texto palavras que são pouco usadas ou mesmo desconhecidas e cujo sentido depende do que se está lendo. Selecione duas ou três palavras que tenham essas características, procure seu significado no dicionário e faça relação com o sentido com que foi empregada no texto, explicando a passagem de um sentido para outro. No momento da discussão do grupo, apresente as palavras a seus colegas lendo o trecho onde elas aparecem e peça que digam qual o sentido delas. Ouça as definições de todos os colegas e depois apresente a sua para discussão. Atenção! Se a palavra não for realmente difícil, não haverá discussão e seu trabalho será perdido.

Escreva aqui as frases com as palavras e suas definições:

_____

_____

_____

SINTETIZADOR

Descrição

O papel do sintetizador é fazer uma sinopse, isto é, um relato sintético do texto, destacando os seus principais núcleos temáticos e outros aspectos que o leitor considere relevantes. O desafio aqui é fazer um texto breve que mostre do que se trata o texto, sem deixar de lado o que é importante para a compreensão da história. Aparentemente simples, essa síntese costuma apresentar duas dificuldades básicas e opostas. A primeira acontece quando o texto não consegue cumprir a síntese, perdendo-se em detalhes pouco significativos. A segunda é o excesso de eliminação, fazendo o texto perder sua identidade. O segredo, portanto, de uma boa síntese não é necessariamente a concisão, mas sim o equilíbrio para dizer apenas o que precisa ser dito. No círculo de leitura, o sintetizador costuma ser aquele que abre a discussão, apresentando a história segundo a sua leitura e abrindo para a possibilidade de acréscimos ou eliminações de detalhes.

CARTÃO
(orientação ao aluno)

SINTETIZADOR

Para começar a discussão, é preciso que se tenha uma visão comum do texto, que todos estejam mais ou menos de acordo sobre o que texto diz. Para chegar nesse acordo, escreva um pequeno texto, de umas cinco frases, sintetizando o texto (ou a parte do texto) que você leu. Não precisa entrar em detalhes. Fique apenas com os acontecimentos mais marcantes. Sua síntese deve ter o começo, o meio e o fim da história. No momento da discussão, leia para os colegas a sua síntese e pergunte se alguém gostaria de complementar algo que você esqueceu ou excluir alguma coisa que colocou a mais.

Escreva aqui sua síntese:

_____
_____
_____

PESQUISADOR

Descrição

O pesquisador tem por função localizar as informações que são importantes para melhor compreender o texto. Dessa forma, ele irá pesquisar em outros textos mais dados e detalhes sobre eventos, pessoas, obras que são apenas mencionados no texto objeto da leitura. Nesse sentido, trata-se mais de localizar e documentar a obra do que contextualizá-la. O objetivo é que esse conhecimento documental colabore para o efeito de real do texto – ou seja, os artifícios usados para caucionar o texto como não ficcional, por exemplo, usar dados concretos como nomes de localidades, pessoas do mundo real como personagens e referências a dados históricos –, podendo ou não ajudar a compreender as ações e limitações das personagens ou o efeito de algum acontecimento, por exemplo. As informações buscadas podem ser das mais diversas ordens, podendo incluir aspectos históricos, geográficos, culturais, musicais, mitológicos, entre outros.

CARTÃO
(orientação ao aluno)

PESQUISADOR

Alguns textos precisam de informações extras para serem plenamente compreendidos. Elas podem vir da história, da geografia, da cultura, da tecnologia e outros lugares. O seu papel é trazer para seus colegas esses dados, mostrando como são importantes para compreender mais o texto, por exemplo, justificando por que uma personagem fez uma coisa que hoje já não se faz. Aproveite para perguntar a seus colegas se eles já tinham essas informações, se poderiam acrescentar mais detalhes ou perguntar para você alguma coisa mais.

Escreva aqui as informações coletadas:

_____

_____

_____

ANALISTA DE PERSONAGEM

Descrição

No ensino fundamental, a personagem costuma ser a principal porta de identificação do leitor com a narrativa, mas até por isso ela nem sempre é lida com distanciamento necessário para compreender a sua construção. Nesse sentido, a função do analista da personagem é muito importante e não deve faltar em um círculo de leitura, ainda que a análise seja mais adequada para o final da leitura do texto, porque assim se terá uma visão mais completa da personagem. Na análise, o aluno deve se preocupar mais com as ações das personagens do que com as palavras usadas pelo narrador ou por outra personagem para descrever a personagem que está sendo analisada. Desse modo, a análise sairá do âmbito da história (o que se está contando ou se diz da personagem) para a narração (como a personagem se mostra, como ela age, o que ela pensa). Isso que significa um ganho importante em termos entendimento do funcionamento do texto literário.

CARTÃO
(orientação ao aluno)

ANALISTA DE PERSONAGEM

(Opção A)

Destaque várias ações de uma personagem do texto que acabou de ler. Explique como pode ser caracterizado seu comportamento em relação ao lugar, às outras personagens, à forma de viver da comunidade em que ela vive (você pode escolher mais de uma característica). Não se esqueça de dar exemplos.

Para ajudar, veja uma lista de características de comportamento:

Persistente / Inteligente / Exigente/ Ousado/ Honesto/ Responsável/ Bondoso/ Malvado/ Injusto/ Otimista/ Traidor/ Leal/ Invejoso/ Sonhador/ Amigo/ Generoso/ Antissocial/ Detalhista/ Introvertido/ Extrovertido/ Desligado/ Impulsivo/ Fiel/ Solidário/ Agressivo/ Curioso/ Humilde/ Engraçado/ Triste/ Solitário/ Teimoso/ Ingênuo/ Bonito/ Egoísta/ Feio/ Criativo/ Estudioso/ Trabalhador/ Ousado/ Preguiçoso/ Feliz/ Orgulhoso/ Selvagem/ Ambicioso/ Calmo/ Enérgico

Escreva aqui as características da personagem escolhida:

_____

_____

(Opção B)

Nem sempre a personagem tem suas características claramente expostas. Assim, um modo de conhecer melhor a personagem é analisar as suas ações. Escolha uma ação de uma personagem em um determinado momento da narrativa e explique como essa ação define essa personagem e seu comportamento.

Escreva aqui as características da personagem escolhida:

_____

_____

REGISTRADOR/NOTÁRIO

Descrição

O registrador ou notário é aquele que registra o que foi discutido no grupo. O objetivo do registro não é apenas guardar o que já foi discutido, mas também fazer a discussão avançar para novos aspectos do texto lido, além de contribuir para desenvolver o senso de observação. Essa função de registro tem três possibilidades de ser executada. Uma, em que um único aluno registra os debates e no final da discussão submete essas anotações ao grupo, que pode fazer correções. O aluno, então, dará um acabamento ao registro e trará no próximo encontro para fazer com ele a abertura da discussão. Pode-se perceber que é como secretariar uma reunião, o registro funciona como uma ata.

A segunda possibilidade segue os passos da primeira, mas, no final, a redação do texto é coletiva, ou seja, o aluno apresenta suas notas e o grupo redige coletivamente o registro, não sendo necessário reapresentá-lo no próximo encontro. A terceira consiste em fazer da função uma atuação coletiva desde o início, com todos anotando tudo para no final redigir o texto, podendo ainda ser uma redação individual, em casa, para apresentação e conferência com a dos outros colegas no encontro seguinte.

CARTÃO
(orientação ao aluno)

REGISTRADOR/NOTÁRIO

Toda discussão precisa ser registrada para que aquilo que o grupo já descobriu sirva para novas descobertas. Seu trabalho é anotar as várias contribuições dos colegas durante a discussão. Ao final, faça uma síntese do que foi discutido no grupo para ser lida por você no próximo encontro. A sua síntese deve se apoiar em anotações suas e dos colegas no final da discussão. Seja o mais fiel possível aos acontecimentos e não se esqueça de anotar o nome de todos os colegas participantes. Para não se perder na elaboração dessa síntese, você pode se guiar por três perguntas: o que o grupo sabia do texto antes de começar a discussão? O que o grupo aprendeu com a discussão? O que ficou para a próxima discussão?

Escreva aqui suas observações:

_____

_____

_____

Para a elaboração de questões sobre o texto, o professor deve deixar claro para seus alunos que não se trata simplesmente de fazer algumas perguntas aleatórias, apenas para cumprir a tarefa. Ao contrário, precisam ser questões reais, que surgem como dúvidas durante a leitura do texto. Essas dúvidas, que devem ser anotadas imediatamente ou logo após a leitura do texto, se constituirão no núcleo da pergunta, com a possiblidade de fazer uso de uma estratégia específica para isso, como o diário de leitura ou o caderno de dúvidas, adotando-se maior ou menor sistematização conforme a necessidade. Com isso, fica garantida a autenticidade da pergunta. Se o texto não suscita nenhuma dúvida ou questionamento, há que se indagar se a seleção foi adequada para aquele aluno, momento e atividade. De qualquer sorte, a não ser em casos de absoluta indiferença ou incompreensão, um leitor raramente não terá alguma dúvida ou pergunta a fazer durante a leitura de um texto literário.

Além de autênticas, as perguntas, como já mencionamos antes, devem favorecer a discussão do texto. Por isso precisam ir para além das respostas óbvias de simples localização ou concordância/discordância sem justificativa ou explicação. Aliás, as perguntas jamais devem ter como objetivo verificar se o aluno leu ou não efetivamente o texto, pois esse tipo de pergunta não só pouco contribui para a discussão, como também é uma perda tempo, uma vez que o desconhecimento do texto fica evidente quando se fazem perguntas que exigem não só a informação, mas também a reflexão sobre o que foi lido.

A lista de perguntas que se segue é, obviamente, apenas uma sugestão que pode ser aproveitada pelo professor de diversas maneiras. Aconselhamos que, em situações de modelagem ou preparação para a prática do círculo de leitura, elas sejam reelaboradas juntamente com os alunos a partir de um texto concreto e nunca meramente elencadas como se fossem itens de um questionário ou ficha de leitura.

Uma sugestão é o professor distribuir uma pergunta para cada membro do grupo que não o líder e o secretário, de forma que haverá duas ou três perguntas a serem respondidas no momento do encontro. Caso o professor perceba que os alunos terão alguma dificuldade em lidar com essas perguntas selecionadas, ele pode fazer um "treinamento" com a toda a turma com as perguntas aplicadas a um outro texto. Não há problema que todos os grupos trabalhem com as mesmas perguntas simultaneamente ainda que os textos que estejam lendo sejam distintos. O que deve ser evitado é que essas perguntas se transformem em padrões e impeçam os alunos de criar seus próprios questionamentos por já possuírem um roteiro pronto. Por isso, convém ir introduzindo essas questões paulatinamente, à medida que o professor perceba a relevância de uma ou de outra para discussão de um texto determinado ou que os alunos estão presos em um mesmo tipo de pergunta e não conseguem elaborar outras.

Outra possibilidade é usar cartelas ou dados gigantes com uma pergunta em cada face que os alunos usam para iniciar ou manter a discussão. Nesse caso, as perguntas são selecionadas pelos alunos antes ou durante o encontro e são usadas à medida que a discussão progride. Assim, tendo esgotado determinado item ou perspectiva, o líder ou um membro do grupo pode escolher uma cartela com uma pergunta para dar continuidade à discussão ou rolar o dado para que todos se manifestem em uma nova rodada. Novamente, alertamos aqui que, apesar de ser uma estratégia divertida e que funciona muito bem sobretudo com crianças menores, há que se cuidar para que as cartelas e o dado ou outro recurso qualquer não se transformem em um padrão, com os membros do grupo não sabendo como discutir sem o apoio desses artifícios. Por isso, tão logo o professor perceba que os alunos podem conduzir o encontro do círculo de leitura por eles mesmos, esses suportes devem ser retirados de cena ou usados com bastante parcimônia. Afinal, a proposta é que aqueles leitores determinados discutam um texto específico naquele momento, segundo suas experiências anteriores, seus conhecimentos e afetividades. Logo, para que essa discussão seja autêntica, ela não pode ficar presa em um roteiro ou guia predeterminado de questões.

50 PERGUNTAS EM TORNO DE NARRATIVAS

1. Qual o problema que a personagem x precisa enfrentar?

2. O que aconteceria se a personagem x contasse com a ajuda de y?

3. O que a personagem x precisa fazer para resolver o problema x?

4. Por que o narrador disse x a respeito da personagem x?

5. O personagem x é descrito como y pelo narrador. O que está sobrando ou faltando nessa descrição?

6. O que você acha do modo como a personagem x foi descrita?

7. Se você fosse a personagem x, o que faria nessa situação?

8. Qual o efeito do fato x na história? O que vai mudar para as personagens?

9. Depois de ter feito x, o que mais a personagem poderá fazer para resolver seus problemas?

10. Esse evento x lembra você de algum outro parecido?

11. O comportamento da personagem x lembra alguma outra personagem em outro texto?

12. O que pode acontecer daqui para frente na história?

13. Compare a personagem x com a personagem y. O que elas têm em comum/diferente?

14. Você ficou surpreso/triste/feliz/irritado com a atitude da personagem x? Por quê?

15. O que você sentiu quando leu o trecho y?

16. Por que o autor incluiu esse evento/personagem na história?

17. Você relaciona esse evento/personagem com algo que já aconteceu/alguém que conhece?

18. O que foi mais engraçado/surpreendente/triste/emocionante na história?

19. Que parte da história você achou confusa e por quê?

20. Que parte do texto está mais bem escrita e por quê?

21. Se tivesse que corrigir o autor, que parte seria refeita? Por quê?

22. Que palavras novas você aprendeu com o texto e como poderia usá-las em outros momentos?

23. Se você tivesse que sintetizar o livro em uma frase, qual seria essa frase?

24. O que a história diz para você sobre comportamento/família/relacionamento/decisões/desejos/vida?

25. O que você gostaria que fosse incluído no livro? Por quê?

26. Por que você acha que a personagem x agiu dessa forma?

27. O que tem de mais importante no livro na sua perspectiva?

28. O que você imaginou quando leu a descrição x?

29. Ao chegar ao final, a história foi como você havia pensado no início?

30. Qual é a grande questão abordada no texto? Você acha que essa questão foi abordada de maneira correta? Por quê?

31. O que causou a atitude da personagem x no evento y?

32. Qual personagem lhe chamou mais atenção e por quê?

33. Que traço de personalidade é mais determinante na personagem x?

34. Como você se sentiu ao chegar ao final da história? Por quê?

35. O que você acha que aconteceria se a personagem x tivesse feito y?

36. Por que a personagem y teve que viver o evento y?

37. Por que a personagem x inventou/escondeu/mentiu sobre y?

38. Em uma situação semelhante à da personagem x, você agiria da mesma forma?

39. Qual personagem é a mais interessante e por quê?

40. Qual o evento que foi decisivo para a história?

41. Você acha que o final da história foi adequado? O que você acrescentaria/retiraria/mudaria?

42. Como avalia o comportamento do narrador?

43. O que aconteceria se a história fosse contada em uma ordem diferente dos eventos? Que eventos deveriam vir primeiro?

44. Como você avalia a forma como o autor iniciou o livro?

45. Se a história se passasse em outro lugar/tempo seria do mesmo jeito? Teria o mesmo conflito/final?

46. Se fosse continuar o livro, o que aconteceria com as personagens x, y e z?

47. O que você acha do título do livro? Ele está adequado à história? Daria outro título? Por quê?

48. Que tipo de pessoa gostaria/não gostaria de ler esse texto? Por quê?

49. Se pudesse conversar com o autor do texto, o que perguntaria?

50. Se fosse recomendar o livro para outra pessoa ler, o que diria?

Fora da sala de aula: os círculos de leitura na escola

Se a leitura de textos literários é importante para a aprendizagem da escrita desde a alfabetização como bem mostra Magda Soares em *Alfaletrar* (2020), não menos importante é para a manutenção de seu domínio. Marianne Wolf, por exemplo, em *O cérebro no mundo digital* (2019), destaca que a leitura profunda e continuada é essencial não apenas para as crianças, mas também para os adultos se esses querem manter o pensamento crítico. Essa é uma das razões – além de todos os outros benefícios do letramento literário e fortalecimento de laços comunitários – pela qual os círculos de leitura na escola não devem ficar circunscritos à sala de aula, nem unicamente à formação dos alunos.

Fora da sala de aula, a biblioteca é certamente um espaço privilegiado para promover círculos de leitura, seja na forma de clubes de leitura, seja por meios de debates sobre livros e outras maneiras de ler coletivamente. Os círculos de leitura promovidos pela biblioteca podem ser complementares aos desenvolvidos na sala de aula ou inteiramente independentes. Podem, por exemplo, reunir alunos de turmas diferentes por meio de círculos de leitura temáticos, como um que trate de distopias para alunos dos anos finais do ensino fundamental ou ensino médio; um que trate de viagens a lugares inóspitos, para alunos dos anos mediais; ou, ainda, um que trate de dinossauros ou animais estranhos para alunos dos anos iniciais. Também é possível adotar círculos de leitura que envolvam outros suportes literários para além do livro impresso, como filmes e vídeos, com atividades de registro escrito das leituras para reforçar o uso da escrita em situações distintas da sala de aula ou ligadas ao processo formal do ensino.

E não são só os alunos que podem se beneficiar dos círculos de leitura para além da sala de aula. Também os professores e o corpo pedagógico e administrativo e os pais podem e devem ter a oportunidade de integrar um círculo de leitura. Em uma escola, os círculos de leitura se tornaram uma atividade básica para todos, passando a fazer parte do cotidiano escolar. Dessa forma, a cada 15 dias os professores e o corpo pedagógico e administrativo paravam por uma ou duas horas para experienciar círculos de leitura especialmente desenhados para eles pela biblioteca. Essa atividade coletiva em que todos paravam por um determinado período de tempo para ler juntos afetou positivamente tanto os participantes, que ampliaram os laços de solidariedade profissional e pessoal, quanto os próprios alunos, que viram o discurso da importância da leitura ser efetivamente praticado por seus professores e toda a escola. Em outra escola, os círculos de leitura foram estendidos aos pais. Assim, as reuniões na escola passaram a conter duas partes: uma para tratar das questões escolares e outra para um círculo de leitura. O resultado foi que não só a frequência e a constância dos pais às reuniões aumentaram expressivamente, como também eles se tornaram mais parceiros entre si e com os professores na resolução de conflitos e outras formas de apoio à formação escolar de seus filhos.

Em qualquer dessas e outras alternativas, caso os participantes não tenham experiências prévias de círculos de leitura, os passos que propusemos aqui devem ser observados para que a atividade de leitura compartilhada obtenha sucesso. Naturalmente, adaptações se fazem necessárias. Provavelmente, com adultos e alunos maiores, o uso de questões poderá render mais adesão do que cartões de funções, com o círculo funcionando de forma aberta ou menos estruturada possível. Também talvez não seja necessário estender a modelagem, que pode ser reduzida até mesmo a uma simples exposição do modo de funcionamento desejado para aquele círculo de leitura, cronograma dos encontros e seleção de obras, tudo decidido coletivamente em um único encontro. A avaliação e a autoavaliação podem acontecer em intervalos maiores, após a leitura de duas ou três obras, apenas com fins de assegurar a continuidade das atividades. O papel professor pode ser absorvido pelo líder do grupo e este pode ser um papel que vai progressivamente circulando entre os participantes, de forma que a cada reunião se tenha um líder e um secretário diferentes.

Nessas e em todas as outras adaptações que certamente se fazem necessárias em cada situação na sala de aula e fora dela na escola, o fundamental é não esquecer que os círculos de leitura não são apenas uma estratégia de ensino que pode aprimorar nossas aulas e formação do leitor. Eles são essencialmente uma forma de leitura coletiva, de compartilhamento do que vivemos como leitores de outros textos e do que experienciamos na leitura específica daquela obra, naquele momento, com aquelas pessoas. Por isso, mais do que quaisquer regras ou mecanismos que busquem explicitar suas formas de organização como acabamos de fazer neste livro, o que faz com que eles realmente funcionem é a disposição de cada leitor de oferecer aos outros a sua interpretação, de ouvir e ser ouvido, de participar do diálogo consigo e com o mundo – que é o que nos oferece permanentemente o exercício da leitura literária.

Bibliografia

Se você, professor, quiser aprofundar seus conhecimentos sobre círculos de leitura ou conhecer outras experiências e possibilidades de organização dessa estratégia pedagógica, há vários textos que podem ser de seu interesse. Uma boa parte deles está em língua inglesa porque essa é uma atividade bem conhecida no mundo anglo-saxônico, especialmente nas escolas norte-americanas. Há também textos que registram com denominação diferente a estratégia dos círculos de leitura em outras línguas e em nosso país. As obras que reuni nessa reduzida bibliografia não pretendem abarcar todo esse universo, mas tão somente apontar para aquelas que orientaram minha prática com círculos de leitura em inúmeras situações de ensino ao longo de minha atuação como professor no ensino básico e na universidade, aquelas que influenciaram minha reflexão sobre essa prática, aquelas que foram determinantes para elaborar a sistematização didática que apresentei neste livro, aquelas cujos empréstimos não foram expressamente explicitados durante o texto, porque considero que me apropriei de suas experiências e conhecimentos dando-lhes as características de meu fazer docente (espero que façam o mesmo com o exposto neste livro).

BIELLA, João Carlos; BORGES, Sandra. Círculo de leitura literária: uma possibilidade de construção de disponibilidade ao encontro com um sentido literário. *Pensares em Revista*, n. 5, dez. 2014. Disponível em: <https://www.e-publicacoes.uerj.br/index.php/pensaresemrevista/article/view/14085>. Acesso em: 11 jan. 2016.

BRABHAM, Edna G.; VILLAUME, Susan K. Continuing conversations about literature circles. *The Reading Teacher*, v. 54, n. 3, pp. 278-280, nov. 2000.

BRANDÃO, Ana Carolina P.; ROSA, Ester C. S. (Orgs.). *Ler e escrever na educação infantil*: discutindo práticas pedagógicas. Belo Horizonte: Autêntica, 2010.

BRASILEIRO, Ada M. M. A autoconfrontação simples aplicada à formação de docentes em situação de trabalho. *Scripta*, v. 15, n. 28, pp. 205-224, 2011. Disponível em: <https://dialnet.unirioja.es/servlet/articulo?codigo=6160240>. Acesso em: 3 jan. 2014.

CADERMATORI, Ligia. *O professor e a literatura*: para pequenos, médios e grandes. Belo Horizonte: Autêntica, 2009.

CALVO, Blanca. *Recetas para un club de lectura*. Disponível em: <http://reddebibliotecas.jccm.es/portal/index.php/2012-03-05-16-39-42/submenu-clubes/2-uncategorised/59-receta-club-de-lectura>. Acesso em: 15 jan. 2013.

CANDLER, Laura. *Teaching Resources*. Disponível em: www.lauracandler.com. Acesso em: 21 fev. 2021.

CECCANTINI, João Luis. Leitores iniciantes e comportamento perene de leitura. In: SANTOS, Fabiano dos; NETO, José Castilho Marques; RÖSING, Tânia M. K. (Orgs.). *Mediação de leitura*: discussões e alternativas para formação de leitores. São Paulo: Global, 2009.

COSSON, Rildo. *Círculos de leitura e letramento literário*. São Paulo: Contexto, 2014.

DANIELS, Harvey; STEINEKE, Nancy. *Mini-lessons for Literature Circles*. Postmouth, NH: Heinemann, 2004.

DANIELS, Harvey. *Literature Circles*: Voice and Choice in Books Clubs and Reading Groups. 2. ed. Portland, Maine: Stenhouse Publishers, 2002.

DAY, Jeni P. et al. *Moving Forward with Literature Circles*. New York: Scholastic Professional Books, 2002.

DIONÍSIO, Maria de Lourdes da T. *A construção escolar de comunidades de leitores:* leituras do manual de português. Lisboa: Almedina, 2000.

FARIA, Maria Alice. *Parâmetros curriculares e literatura*: as personagens de que os alunos realmente gostam. São Paulo: Contexto, 1999.

FERNANDEZ, Cida; MACHADO, Elisa; ROSA, Ester. *O Brasil que lê*: bibliotecas comunitárias e resistência cultural na formação de leitores. Olinda: CCLF, Brasil: RNBC, 2018.

FINK, Lisa S. *Literature Circles*: Getting Started. Disponível em: http://www.readwritethink.org/classroom-resources/lesson-plans/literature-circles-getting-started-19.html. Acesso em: 24 fev. 2021.

FREIRE, Paulo. *A importância do ato de ler*. São Paulo: Cortez, 1982.

KING, Carole. "I Like Group Reading Because We Can Share Ideas": The Role of Talk Within the Literature Circle. *Reading*, v. 35, n. 1, pp. 32-36, April 2001. Doi: 10.1111/1467-9345.00157.

LEITE, Ligia M. Chiappini. *Invasão da catedral*: literatura e ensino em debate. Porto Alegre: Mercado Aberto, 1983.

MILLS, Heidi; JENNINGS, Louise. Talking About Talk: Reclaiming the Value and Power of Literature Circles. *The Reading Teacher*, v. 64, n. 8, pp. 590-598, May 2011. Doi: 10.1598/RT.64.8.4.

PAIVA, Aparecida; MACIEL, Francisca; COSSON, Rildo (Coords.). *Literatura*: ensino fundamental – Brasília: Ministério da Educação, Secretaria de Educação Básica, 2010.

PAULINO, Graça. Algumas especificidades da leitura literária. In: MACHADO, Maria Zélia V. et al. (Orgs.). Leituras literárias: discursos transitivos. Belo Horizonte: Ceale/Autêntica, 2005.

PAULINO, Graça; COSSON, Rildo. *Leitura literária*: a mediação escolar. Belo Horizonte: Faculdade de Letras da UFMG, 2003.

PENNAC, Daniel. *Como um romance*. Trad. de Leny Werneck. Rio de Janeiro: Rocco, 1993.

ROSENBLATT, Louise. *La literatura como exploración*. México, DF: Fondo de Cultura Económica, 2002. [1938].

SILVA, Gilda das Graças e; SANTOS; Maribeth P. dos; ALMEIDA, Raquel L. L. de. Círculos de leitura: arte de ler, escutar e criar afetos. *Plures humanidades*, v. 19, n. 2, pp. 326-341, 2018. Disponível em: <http://seer.mouralacerda.edu.br/index.php/plures/article/view/349>. Acesso em: 20 jan. 2020.

SOARES, Magda. *Alfaletrar*: toda criança pode aprender a ler e a escrever. São Paulo: Contexto, 2020.

_____. *Letramento*: um tema em três gêneros. Belo Horizonte: Autêntica, 2003.

THEIN, A. H., GUISE, M. and SLOAN, D. L. Problematizing Literature Circles as Forums for Discussion of Multicultural and Political Texts. *Journal of Adolescent & Adult Literacy*, v. 55, n. 1, p. 15-24, Sept. 2011. Doi: 10.1598/JAAL.55.1.2.

VIEIRA, Marcos; FAÏTA, Daniel. Quando os outros olham outros de si mesmo: reflexões metodológicas sobre a autoconfrontação cruzada. *Polifonia*, v. 7, n. 1, p. 27-65, 2003. Disponível em: <http://periodicoscientificos.ufmt.br/ojs/index.php/polifonia/article/view/1137>. Acesso em: 10 jan. 2014.

WOLF, Maryanne. *O cérebro no mundo digital*. São Paulo: Contexto, 2019.

YOPP, Ruth H.; YOPP, Hallie K. *Literature-based Reading Activities*. Boston: Allyn and Bacon, 2001.

ZILBERMAN, Regina. Letramento literário: não ao texto, sim ao livro. In: PAIVA, Aparecida et al. (Org.) *Literatura e letramento*. Belo Horizonte: Autêntica, 2003, pp. 245-266.

O autor

Rildo Cosson é doutor em Letras pela Universidade Federal do Rio Grande do Sul e em Educação pela Universidade Federal de Minas Gerais. Foi professor da Universidade Federal do Acre, Universidade Federal de Pelotas, Universidade Federal de Minas Gerais e do Programa de Pós-Graduação do Centro de Formação, Treinamento e Aperfeiçoamento da Câmara dos Deputados (Cefor/CD). Atualmente, é pesquisador do Centro de Alfabetização, Leitura e Escrita e professor visitante da Universidade Federal da Paraíba. Pela Contexto, publicou os livros *Círculos de leitura e letramento literário*, *Letramento literário: teoria e prática* e *Paradigmas do ensino da literatura*.

ANEXO 1 – AVALIAÇÃO DO MOMENTO INICIAL

Obra em leitura: _____
Data: _____
Grupo 1
Alunos: _____

1. Manuseio físico da obra:
   ( ) Bom; ( ) Suficiente; ( ) Insuficiente

   Observação: _____
   _____
   _____

2. Indicação das funções dos membros:
   ( ) Bom; ( ) Suficiente; ( ) Insuficiente

   Observação: _____
   _____
   _____

3. Definição do tópico do próximo encontro:
   ( ) Bom; ( ) Suficiente; ( ) Insuficiente

   Observação: _____
   _____
   _____

4. Elaboração do cronograma de leitura:
   ( ) Bom; ( ) Suficiente; ( ) Insuficiente

   Observação: _____
   _____
   _____

ANEXO 2 – QUESTIONÁRIO DE AUTOAVALIAÇÃO

Obra: _____
Grupo: _____
Aluno: _____

1. Assinale um dos três itens para cada afirmação sobre sua atuação como membro de grupo no círculo de leitura.

Afirmação	Sempre	Às vezes	Raramente
1. Fiz a leitura do trecho antes do encontro			
2. Fiz anotações sobre o texto durante a leitura ou logo após a leitura			
3. Preenchi meu cartão de função antes do encontro			
4. Apresentei minha função com sucesso			
5. Ouvi com atenção as perguntas dos colegas			
6. Respondi a tudo que me foi perguntado			
7. Fiz perguntas para entender melhor a função do colega			
8. Esperei minha vez de falar durante a discussão			
9. Registrei com detalhes o encontro			
10. Ajudei a fazer os comentários do grupo no final do encontro			

2. Escolha duas ou mais das afirmações para explicar por que assinalou *sempre*, *às vezes* ou *raramente*.

_____
_____

GRÁFICA PAYM
Tel. [11] 4392-3344
paym@graficapaym.com.br